Herstellung und Verlag:
BoD – Books on Demand, Norderstedt
ISBN: 978-3-7519-7023-5

Situationen, manchmal verlaufen sie ohne Anfang, ohne eine Mitte und ohne ein Ende…
… So erscheint es uns zumindest. Dies ist die Fortsetzung meines ersten Bandes – Aus allen Lebenslagen (2019)

Liebe Leserinnen und liebe Leser,

in diesem Band ENTGEGEN DER ZEIT – Aus allen Lebenslagen 2, sind verschiedene Gedichte und Reime aus dem Jahr 2020 verfasst.

Es sind Erinnerungen, Momente dessen Werte von hoher Bedeutung sind.
Sie erinnern uns an gute Zeiten, schöne Zeiten und unvergessene Momente.

Doch wie das Leben so ist, gibt es nicht nur immer die Sonnenseiten. Es gibt auch jene, die uns manchmal das Leben schwerer machen oder schwierig erscheinen lassen.

Für solche Momente sind diese Texte geschrieben. Momente mit Hoffnung, Glück – um uns immer wieder zu erinnern. Zur Erinnerung an unsere Menschlichkeit und unser wertvolles Leben!

Herzliche Grüße und eine schöne und angenehme Zeit durch diesen Band.

Christian Hofmann

Du fehlst
Erinnerung und Nachruf (am 24.04.2020)

Die Sonne geht auf, als wäre nichts
geschehen
Sie strahlt aufs Land, als würde sie es gar nicht
sehen

Du fehlst!
Du fehlst!

Die Zeit vergeht, die Welt dreht sich –
Einfach weiter als wäre nichts
Doch du fehlst – diese Lücke in meinem Leben
Diese füllt sich nicht!

Fast ein Jahr in Staub und Erde
Bist noch so nah, dass ich es echt kaum
glauben werde
Ich hoffe du – schaust mir nun von oben zu

Ich hätte mir gewünscht du bist dabei
An diesem Tag
Bleibt mir doch nur der Traum, weil die Realität
mir es verwehren mag

Ich glaube so fest daran
Dass wir uns einmal wiedersehen
Doch ist es auch eine schwere Zeit
Denn ich muss weiter meine Wege gehen

Immer wieder schreibe ich dir
Solange ich lebe, auf dieser Erde hier
Ich vergesse dich nicht, zu keiner Zeit
Lebe wohl mein Freund, seh'n uns in der Ewigkeit

Wenn Tränen auch heute laufen
Bitte sieh sie mir nicht nach
Es schmerzt so sehr, sich nicht mehr zu sehen
Ich hoffe sehr der Schmerz lässt mal nach

Mein Weg liegt vor mir
Du hast immer gesagt – ich muss ihn gehen
Wohin er auch führt, ich werde immer rauf zu dir,
in die Sterne sehen

Die ganze Zeit

15 Jahre am Schreiben… (Intro) Prolog

Mein großer Traum vom Singen
Ich schreibe meine Songs
Dies ist all mein Tun
Ich mach das nicht umsonst

All meine Träume, die ganze Zeit
Was ich versäumte, ist von nun an vorbei

Ich besinge meine Strophen
Jede meiner Zeile
So spür' ich, dass ich lebe
Alles was ich schreib' und reime

Das Grobe und auch das Feine
Ihr wisst schon,
Ihr wisst schon, was ich meine

15 lange Jahre
Geschrieben und geträumt
Versucht dem Traum Gestalt zu geben
Vom ersten Tag an bis heut'

Und so verkünde ich mit Freud'
Eine neue Zeit, beginnt ab heut'

Ich singe aus dem Herz heraus
Die Seele spricht die Zeilen aus
15 lange Jahre, am Schreiben
Zeit die Zeilen, musikalisch zu begleiten!

Inhaltsverzeichnis

Die Ferne und das vertraute Heim
Noch nie
Zwischen dir und mir
5 Days, 1st Week
Entgegen der Welt
Deine schönste Zeit
Hell erstrahlt
Mit der Zeit
Träume sind zum Träumen da
Unbändiger Wille
Was wäre, wenn
Keine Wege waren zu weit
Niederlassungsleiter
Zaubertrank
Einfach lachen
Rettungspaket
Gern auf Reisen
Dieses Leben
Nordsee
Ein Stern am Himmel mehr
Gedanken- und Wortspielerei
Entscheidung
Prio
Durch deine Zeit
Traumberuf

Sommertraurigkeit
Die Seiten des Lebens

Könnten Tränen sprechen
So würden meine Wunden heilen
Wäre all der Schmerz vergessen
Wären es die schönsten Zeilen

Ich weiß wie es dir geht
Wie schwer dir so mancher Tag steht
Das Gesicht weist keine Traurigkeit
Doch ich sehe tief in dich hinein

Du fühlst dich hilflos, allein und klein
Ich kenne den Schleier, er ist auch mein
Trübe Gedanken kommen ungeladen
Keine Party für sie, sind keine bunten Tage

Ich kenne das Gefühl einklemmend, beengend
Euphorisch krass so – zerteilend und trennend
Freude und Leid, Schmerz und das Hoch der Zeit
Sei nicht traurig, alles geht einmal vorbei

Sommertraurigkeit, Herbstschlaf
Winterleben, Frühjahrserwachen
Singen, sitzen, weinen und lachen
Es sind Dinge, die das Leben ausmachen

Funken Wahrheit

In allem steckt die Lüge doch auch Wahrheit

Wenn wir glauben was wir nicht wissen
Somit also hören und denken, was wir nicht sehen,
sei die Wahrheit
Wer würde noch selbst seine Wege betreten?

Wenn alles als Wahrheit uns erreicht
Denken wir gar nicht mehr nach über die Fiktion?
So würden manipulierte Tatsachen galoppieren
Auf zufriedenstellender Mission

Wir können hören was andere sagen
Können glauben was man uns zeigt
Doch klug ist, alles einmal zu hinterfragen
Interessant wer dann am Punkt stehen bleibt

Wahrheit und ehrliche Nachricht
Des Wortes wahrhaftiger Wert
Die Lüge, die so schön im Munde liegt
In den Ohren so schön klingt, ist aber verkehrt!

War die Wahrheit wahr, die war?
Ist die Lüge schön verpackt und glaubhaft klar?
Lüge und Wahrheit der große Unterschied
In Lebensform zu sehen, Unheil-Gestalt im Krieg

Frühlingsregen
Das Jetzt und Hier und die Erinnerung

Des Frühlingsregen Duft
Liegt verteilt übers Land in der Luft
Bei grauem Himmel und mit Sonne vermischt
So habe ich gedeckt, für das was kommen noch
kommen mag – ganz liebevoll den Tisch

Die Erinnerung an eine gute Zeit
Im Neuerwachen macht sich in mir breit
Kein Moment für Rosen und Wein
Denn die Herrlichkeit, ist im Moment ganz allein

Das Blühen der Blumen, Pollenduft
Das Herz blüht auf, Leben das ruft
Bilder im Herzen tragen
Bekommen frische Farbe in diesen Tagen

Unser Herz so grenzenlos weit und frei
Schließt alle Bilder und die Sehnsucht ein
Das Neuerwachen macht sich in mir breit
Ich erinnere mich an eine gute Zeit

Wohlbehalten und immer vertraut
Alles legt sich sanft über meine Haut

Angekommen
Wege, Ziele und die Reise

Geduldig sein verläuft am schmalen Graben
Getrieben vom endlos langen Warten
Reichlich Platz im Riesenteich
Endlich Erfüllung, ist der Name meines Gartens

Enge Gassen, kaputte Straßen
Nachtfahrt ist die Tageszeit
Gebrochener Teer und geplatzter Asphalt
Schilder führen ins Nirgendwo

34 Jahre, ein paar tausend Tage
Hunderttausende von Stunden
Der Weg meines Lebens –
Bei all den Schritten, schon viel gefunden

Einiges auch wieder verloren
Unbrauchbare Dinge, leblose Sachen
Blieb mir nichts weiter
Als mich weiter auf den Weg zu machen

Jetzt sehe ich Land, Sonnenuntergang
Mein Leben, mein Erbe, mein Traum begann
Lang und weit die Wege
Endlich geschafft, ich komme an!

So ganz andersrum
Gefühle, kurioses Empfinden

Du stehst vor mir und schaust mich an
Doch dein Blick ist ganz wo anders
Diese Rätsel in deinen Augen
Die Geheimnisse inmitten der Leere

Dein unerschrockenes Sein
So reif die Jahre und trocken wie Wein
Tränen müssten laufen vor Traurigkeit
Doch du bist still und leis', so wie das Eis

Dein Kummer der keines Wortes spricht
Nicht mal einen Mucks den ich vernehme
Alles nur Stille und ein Schweigen
Du redest nicht, doch ich sehe dein Leiden

Die Trauer ist wie Freude
Nur halt so ganz andersrum
Die ganze Gefühlswelt –
Sie ist einmal auf den Kopf gestellt

Zehn Kilometer
Gegen Neid und Missgunst und Klugscheißer

Du sagst – da stimmt etwas nicht
Ja da hängt's und klemmt's
Danke – sehr freundlich für die Info!
Wenn ich auch was sagen darf –
Unter deinem Helm da brennt's!

Du achtest auf meine Dinge
Achtsam bei meinem Leben
Vielen lieben Dank, deins muss ja kacke sein
Denn du stehst so herrlich daneben!

Dort ist etwas, dass nicht passt!
Ja da ist was, da ist dies und das!
Bevor du etwas sagst, mach's doch erstmal nach!
Beschissene Kritik das ist auch ein Teil vom Neid
Falsches Lob, das stinkt 10 km weit!
Dies ist gegen Missgünstige und Neider
Ich mache es nicht perfekt, trage Löcher in meinen
Kleidern!

Ich mache alles so – sowas von anders
Drehe nicht mit in eurer Welt
Ich mache alles extra! Weil ihr euch so schön ärgert
Das ist das, was mir so gefällt!

1000 **Schmetterlinge**
Unsere Seele – unser Sein

Meine Augen sind so müde
Denn sie haben viel gesehen
Leid und Traurigkeit
Es ist das Leben unserer Zeit

An vielen Tagen schließe ich meine Augen
Dann sehe ich ein blühendes, buntes Leben
All die Trauer und die Schmerzen fliegen davon
So wie 1000 Schmetterlinge

Ich sehe Vögel in die Freiheit fliegen
Doch ihre Flügel stehen in Flammen
Als würden Tiger mächtig kämpfen
Doch sie erliegen dem ganzen Feuer

Ich sehe den Menschen, wie er glaubt –
Er könnte Gott sein!
Das ist das Ende unseres Lebens, vor der Hölle –
Da steht nun jeder allein!

In meinen Träumen sehe ich eine wundervolle Welt
Eine Welt die dem Paradies ähnlich scheint
Doch das Leben mit offenen Augen zu sehen ist,
wie als sehe ich die Ausrottung! Ohne Pardon!

1000 **Butterflies (English edition)**
Our soul - ourself

My eyes are so tired because
They have seen so much
So much suffering and sadness
It is the life of our time

On many days, I close my eyes
Then I see a flourishing, colourful life
All the sorrow and pain fly away
Like a thousand butterflies

I see birds flying to freedom
But their wings are in flames
It is like tigers fighting hard
But succumbing to all the fire

I see the human believing he can be god
This is the end of our lives
Before hell now everyone stands alone

In my dreams, I see a wonderful world
A world that seems like paradise
But to see life with open eyes
Is like seeing extinction there is no apologize

Baustelle der Gefühle
Eine Unordnung im Gleichgewicht

Wenn es mir beschissen geht
Müssen Tränen an den Tagen laufen –
Bis die Sorgen, der Kummer, die Schmerzen
Allesamt im Tränenmeer ersaufen!

Ich mache meiner Seele Platz
Dann werde ich wieder stark
Denn so bin ich etwas schwach
Ich habe es erkannt, jeder Tag macht dich hart!

Ich war nie und bin nicht der Beste
Will es auch niemals sein!
Alle machen sich übers große Fressen her
Sie sind echt das Allerletzte!

Ich bin nicht getrieben von Gier
Nicht gesteuert bis zum Exzess
Doch wenn ich auch mal Hunger hab'
Haue ich rein und fress!

Ohne Einsatz kein Erfolg
Vom Gewinnen und Verlieren

Geschlagene Schlachten
Einsätze lebenswertig hoch
Trotz Niederlage und Rückschlag
Mein Glaube und Wille so unbändig groß

Mal der Gewinner, mal der Verlierer
Stolz und jede Menge Tapferkeit
In diesen Momenten, diesen Gefechten
War's mir nicht bewusst zu dieser Zeit

Heute blicke ich zurück
Die Narben belegen den Weg dieser Zeit
Zu Boden gegangen – Kräfte gesammelt
So war ich wieder zu Neuem bereit

Wenn du fällst, steh' auf, glaub' an dich selbst und
packe dein Könne aus! Kurz in die Knie, Deckung
und die Fäuste raus! Niederlagen verleihen Kräfte –
Es ist wahr, mach dir das klar!

Ohne Einsatz kein Erfolg – nicht jammern und
sagen müssen, ich hab's doch gewollt!
Riskieren und probieren, das Rezept für den Erfolg
Mach dich auf den Weg, steh zu dir und sei stolz!

Diese Zeit

Die Zeit, die Momente die sonderbar wertvoll sind

Mal wieder ist die schöne Zeit vorbei
Freue mich, wenn sie wieder kommt
Jetzt geht's erstmal wieder weiter
Mit der Sonne an meinem Horizont

Diese besonderen Zeiten
Sie sind wie Extrastreifen
Fühlt sich an wie –
Hin und wieder mal zu den Sternen greifen

Wenn die Flüsse ruhiger fließen
Momente langsam nur vorüber schießen
Augenblicklich das Leben berühren
Jeden kleinen Hauch nur spüren

Jetzt ist die schöne Zeit wieder mal vorbei
Freue mich so sehr, wenn sie wieder kommt
Jetzt geht's erstmal wieder weiter
Mit meiner Sonne an meinem Horizont

Schön zu wissen aber, dass es diese Zeiten gibt
Gut zu wissen, wo sie sich aufhält
Wenn's wieder mal an der Zeit ist
Dann wird wieder von ihr bestellt!

Weltgeschichte
Wir alle sind ein Teil von dem was war und ist

Heiliger Grahl, heilige Schrift
Altes und neues Testament
Der Henker und sein Urteil, Ketzer und Verräter
Am Ende am Scheiterhaufen brennt!

Römerreich und Colosseum
Ägypter und Pharaonen im Museum
Nostradamus, Galileo, Kolumbus
Kontinente, Wasser und Land auf dem Globus

Glaube, Freude, Leben und Liebe
Gerechtigkeit, Krieg und Frieden
Hass, Neid, Gier und die Gewalt
Alles wir – in Menschen Gestalt

Piraterie, Seeräuberjagd und Wikinger
Mittelalter, Ritterrüstung und Eisenerz
Bauern, Magd, Vieh und Narr
Bube, Dame, König und Herz

Von den Mythen und Legenden
All die Entdeckungsreisen
Mittelpunkt der Erde, in 80 Tagen um die Welt
Die Schriften vieles doch beweisen!?

Die Sagen und Historie
Jäger und Sammler, Höhlenmalerei
Hexenjagd und Goldschatzsuche
Dunkle Magie und Zauberei

Die griechischen Götter
Artefakte der Archäologen
Auf den Spuren des Lebens
Und auch nach dem, was gelogen

Atlantis versunkene Stadt
Turmbau zu Babel und Babylon
Sodom und Gomorrha
Jüngstes Gericht – das Armageddon

Indianer und der wilde Westen
Kolonien und Bürgerkriege
Asche und rauchverbrannte Zeichen
Krieg der Staaten, Poesie und Lyrik der Liebe

Kaiserreich, Prinzessinnen und Könige
Burg und Schloss des Kaisers Ehr'
1.Weltkrieg, 2.Weltkrieg, Kalter Krieg
3.Reich, wie weit geht der Mensch noch hier?

Königreich, Bundesstaat, Stadt und Land
High Technology, Burnout – ausgebrannt
Digitale-totale Überwachung, eingeschränkte
Freiheitsstaaten, Fakten, Reportage, offene Fragen!

Weltwirtschaftskrise, Verschwörungstheorie
Puzzle aus vielen Teilen wie noch nie
Klimawandel, Atomkraftwerke, Emissionen
Fahrrad, Zeppelin, Auto und E-Motoren!

Bibelschrift – das Ende der Welt
Wenn nix mehr zu retten ist, rette dich selbst!
Große Geschichten der Zeit – Vergangenheit
Wie viel Zukunft wohl noch übrig bleibt?

Im Garten Eden, im schönen Paradies
Oder hüpfen und springen wir im Pentagramm?
Die Zahl des Teufels, wer hat ihn gerufen?
Schickt Gott uns Engel, was erwartet uns dann!?

Lug und Trug, Armut und Leid, das ist das 21.
Jahrhundert, bei aller Bescheidenheit! Der Mensch,
so viele Generationen doch schon gelebt, doch's
Lernen – weiß er nicht wie es doch wirklich geht!

Abschiede die von Nöten sind!
Erfahrung aus dem Berufsleben

Verbrannte Erde
Die ich nicht mehr beackern werde!
Nein und Frust von euch
Spart ihn euch auf, weil ihr ihn noch braucht!

Ich stehe zu dem was ich sage
Und ich tue, was ich zu tun habe
Ich brauche keine Eier
Weil ich welche in der Hose trage!

Ich lasse mir nix mehr gefallen
Ich weiß das gefällt euch nicht
Aber das Problem, das habt ihr
Denn dies habe ich ja nicht!

Ihr predigt etwas von Ehrlichkeit?
Dazu müsst ihr erst einmal ehrlich sein!
Doch's beginnt, wie Ehrlichkeit geschrieben wird
Und der Inhalt, der das Ehrlichsein bewirkt!

Nix was wirklich endet
Ist das Blatt beschrieben dann wird es gewendet
Jetzt geht mir aus der Sonne
Weil euer Dasein nur Schatten spendet!

Früher oder später
Frische Gedanken – frische Gedankenströme

Was mache ich durch, was erlebe ich?
Veränderungskur?
Lege Wert auf Inhalt von Filmen, seltsam
Draht zur guten Literatur

Werde ich alt?
Oder reife ich wie der Wein der Zeit?
Ich will doch niemals ein Spießer werden!
Ach Gott, verdammt was soll der Scheiß!?

Das wilde Herz soll inne bleiben
Gediegen und mal scharf die Zeilen
Gebildet und weise will ich gern sein
Doch auch's Kind im Mann, hat in mir sein Heim!

Viele Jahre liegen auf der Straße des Lebens
Knalldicht aufgefahren im Mitternachtskrach
Ich werde alt, doch bin nicht müde
Und ich bin noch immer lange wach!

In schwerer Zeit stellt sich raus
Wer ist Freund und wer ist's nicht
Allein aus der Dunkelheit
Wieder zurück in das Licht

In höchster Not, wer steht dir bei?
Wo ging der Weg des Freundes entzwei?
Stelle ich mich in Frage – oder dich und uns?
Das ganze Leben, die Zeit, was ist Abfall was ist
Kunst?

Sonne im Wolkenbruch
Das Schreiben und das Leben

Das Texte-Schreiben
Es ist wie das Leben
Es kommen Neue
Die Alten gehen

Das Schreiben ist wie das Leben
Denn ich lebe um zu schreiben
Manchmal ist es in mir allein –
Manchmal sind sie da die beiden

So vieles schluckt die Zeit
Das Jetzt und Hier, ist was uns doch bleibt
Das Leben lebt, stetig immer weiter
Mal sonnig, mal wolkig, windig und heiter

Ich habe mal gehört
Ein nicht gelebtes Leben, ist lebhaft wie der Tod
Drum nutze deine Zeit, glaube an dich,
an deine Träume, bist selbst die Rettung in der Not!

Glaubst du nicht
Dass auch mir, manchmal zum Heulen zu Mute ist?
Doch such' nach der Sonne im Wolkenbruch
Glück kommt wieder, so oft und doch!

Trommelquerkeilwalzenkiste
Aus der Zeit als CNC-Fräser im Metallbetrieb

Hallo guten Tag – M3
Leben ON – Spindel EIN
Lebe im FQ-Parameter, alles angewählt
In μ - jeder einzelne Millimeter

Mein Leben im Zyklus – M99
RL, Linkslauf an der Tageskontur
Modell und Form, Fräser und Zahn
Bei Drehzahl, Vorschub und Temperatur

Mach mal schnell im Highspeed-Cut
Leben in Schichten am Abend platt!
Cermet und Hartmetall
Liefermenge, Termindichte, wohl'n Knall!?

Horizontal, vertikal
Mein Gedankenweg inkremental
3-Achs, 5-Achs, Fräserkopf um 180 Grad drehen
Die Kiste rappelt, daneben stehen

Bohrungen und Fasen, alles im Plan-gefräst
Späne gemacht und die Luft die bläst!
Kühlschmiermittel und Schleifstaub
Ohrenstopfen getragen, trotzdem halb taub!

Das Beste waren die Geschichten
Von den guten, alten Kollegen
M30 – Programmende
Laufe dem Verfahrweg entgegen

Meine Zeit an der –
Trommelquerkeilwalzenkiste
Ein Teil meines Weges
Auf meiner ganzen weiten Piste

Schwalbenschwanzfräser
Glühende Späne und versenkte Schrauben
Verrostete Gitterboxen
Edelstähle, lange her, kaum zu glauben!

Slalomcombo
Der Lebensweg und die Hindernisse

Es ist ein harter Wind der weht
Auf dem Weg, der nach oben geht!
Die Steine rollen haben dich im Visier
Gekämpft, geackert wie ein Tier!

Der Glaube an mich trägt mich weiter
Und er öffnet die schwersten Türen
Ich habe mich gefunden und ich werde,
mich bestimmt nicht mehr verlieren!

Egal was kommt, egal was passiert
Auf die Fresse fallen, Zähne zeigen
Aufgeben und in den Sack hauen
Vergiss es, werde ich nicht unterzeichnen!

Nur die Feigen und Verlierer geben auf
Aus, vorbei und Schippe drauf!
Ich kämpfe um meinen Lebenstraum
Ich gebe nie auf, ihr glaubt es kaum!

Ich schreibe um mein Leben
Mach mein Ding seit der ersten Stunde an allein
Niemand war da der sagte, du packst das!
Mein Herz aus Stahl, mein Wille hart wie ein Stein!

Ich weiß selbst seit langem
Was ich erreicht hab'
Und ich kann sagen, dass mein Weg
Alles andere als leicht war!

Kämpfen, fighten until the end
Schneller gehen bis man rennt!
Lauf die Runden, ich lauf ins Ziel
Es ist mein Leben, nur mein Gefühl

Wie Hindernisse im Parcours
Slalomcombo durch die Lebenstour
Keep calm and breath the air
Nur wer einfach folgt, der hat's nicht schwer!

Spätsommerregen
Erinnerung an Bad Homburg, Spätsommer 2015

Die Sommerzeit
Ohnehin ist sie mein Freund
Oft denke ich zurück
An so Tagen wie auch heut`

Es ist ein warmer Monat
Das Frühjahr hat begonnen
Und ein warmer Regen auf der Haut
Fällt auf mich, fühlt sich an wie tausend Sonnen

Im Winter ist der Regen so eiskalt
Gefühle sind so kalt, wie fast erfroren
Dieser Regen der heut' fällt
Erinnert mich an diesen Spätsommerregen

Es war Sommer und es war warm
Die Zeit stand auf klarer Sicht und dem Neustart
Unvergessen ist und bleibt mir diese Zeit
Nichts und niemand nimmt sie mir, sie ist wie ein
getrunkener guter Wein!

An manchen Tagen fällt es schwer die Dinge und
Momente zu sortieren
Dieses Gefühl des warmen Regens, wird mich
immer wohl in die gute Zeit entführen

Immer wenn das Leben mal zu viel wird
Und dieser Art Sommerregen fällt
Weiß ich doch, alles ist in Ordnung
Alles ist gut in meiner Welt!

Sucht und Gier
Challenge (auf diese Wörter einen Text schreiben)

Wir alle hier
Wir sind Gestrandete im Leben
Immer auf einer Suche
Mal bei klarer Sicht und mal im Nebel

Eine Suche, nach Erfüllung
Nach dem Stillen des Gefühls
Eine Sehnsucht –
Mein Freund, sei gewiss, ja auch ich fühl's

Die Sehnsucht, sie ist die, die uns leitet
Von ferner Liebe und der Suche nach dem Heim
Doch sei achtsam, gib Acht!
Auch der Teufel ist im Spiel, seine Gier hat ihn
hierher gebracht!

Sehnsucht und Suche
Geliebt sein und Gier
Alles liegt so dicht beieinander
Die Ähnlichkeit vom Mensch zum Tier!?

Bleib auf der Suche
Nach der Liebe und dem Guten
Auch wenn's manchmal schwer ist
Und wir auf dem Weg verwundet sind und bluten

Sehnsucht ist nicht nur –
Unheil und Gift
Wir müssen lernen uns zu lieben
Mir hilft dabei, das Blatt Papier und auch mein
Stift!

Blick in dich hinein
Da findest du dich, denn du bist nicht allein!
Sehnsucht ist der Antrieb, dein Motor
Dies alles ist dein Weg, jetzt setz' den nächsten
Schritt vor!

Bekommen wir hin

Realität und Leben und die Träume und die Wege

Ich liebe dieses Leben, so viel was ich fühle
Jede Szene mit dir
Doch will ich auch niemals die Freiheit,
in mir verlieren

Zwischen Sprung und länger bleiben
Das ganze Leben entdecken
Die Liebe in diesem Leben bildet auch
Die festen Ecken

Immer mal durchs Raster springen
Doch komme ich auch wieder zurück
Familie sein und meine Texte singen
Das ist mehr als nur ein gesamtes Glück!

Balancieren im Gleichgewicht
Bei allem was wir doch schon erlebten
Bekommen wir sicher hin du und ich
Das ist ein Klacks, wir laufen uns entgegen

Mehr als nur Musik
Musik ist was man ist, fühlt und teilt

Für mich ist Musik mehr als nur Musik
Sie fängt mich auf, wenn immer ich sie brauch
Sie fließt durch mich hindurch
So drehe ich den Regler zur höchsten Stufe auf!

Oh! Ich bin mir sicher
Dass die Musik manche Leben rettet!
Wo keine Rettung mehr scheint
Da übernimmt sie mit Melodie und Seelenreim

Jeder Klang, jeder Beat
Trifft auch die Emotion die man fühlt!
Puls rast, das Adrenalin steigt
Der Ruf der Bühne, er hat mich ereilt

Die Musik weiß einfach wo sie ansetzt
Wo der Schmerz drückt, sie lindert das ganze Leid
Viel lange schrieb ich nur auf Papier
Doch bald hört ihr meine Stimme, es ist soweit!

Die Musik ist das Leben
Und du willst sie nicht leiser drehen!
Denn es bleibt laut, solange du lebst
Erst am Ende werden die Engel übernehm'

Die Ferne und das vertraute Heim
Zwischen dem Ruf der Ferne und dem Zuhause

Ich war unterwegs
Bei jedem Wind, bei jedem Wetter
War mal der Sieger, mal der Verlierer
In Not – doch auch der Retter!

Ich hatte dieses Fernweh
Es zog mich weit da raus
Doch ich bin zurück
Wieder angekommen, willkommen Zuhaus'

Mal war ich der Wolf in wilder Nacht
Mal der Schreiber, der seine Geschichte macht
Mal war ich stiller als der Schnee der fällt
Mal hielt ich an in dieser schnelllebigen Welt

Mal fühlte ich Trauer und es liefen Tränen
Mal hatte ich Kummer und schrieb über Trost
Mal fühlte ich Freude und trug Lächeln bei Tag
Mal hatte ich Höhenflüge – auf das Leben, Prost!

Mal war ich im Strudel und mal am Land
Mal war da Neugier und mal ruhiger Verstand
Mal war da Sehnsucht nach mehr, mal war da nichts
Es war eine Reise, durch das Dunkle ins Licht!

Noch nie
Über den Weg des Lebens

Noch nie –
War ich dem Ziel so nah
Verlust und Scheitern war
Was ich nur sah!
Ja der Weg er geht
Er führt mich weiter
Ich lebe mein Leben selbst
Ich werde stärker und die Brust wird breiter!

Und ich denke so darüber nach
Wäre heut' mein letzter Tag
Was würde ich schreiben, was würde ich sagen?
Wäre ich dankbar oder würde ich klagen!?
Träume, Wünsche und Sehnsucht
In den endlosen Weiten –
In aller Wellen des Ozeans
Und der ganzen Meeresbreite

So viel Leid, so viel Schmerz und Trauer
Trübe Tage, man mein Herz
Beim Ernst der Lage endet der Schmerz
Ich halte diese Traurigkeit nicht mehr aus
Schließe die Tür, lösch das Licht und schmeiße
alles raus!

Zwischen dir und mir
Nach einem Wiedersehen aus alten Tagen

Vergiss niemals wer du bist
Und auch niemals was du kannst!
Erinnere dich immer –
Einfach immer stets daran

Man sieht sich immer ein zweites Mal im Leben
So kann es gehen, soll es geben!
Jetzt hebe ich den Kopf, Brust raus, Bauch rein
Damals ist lange her, jetzt ist heut', hau rein!

Lang, lang, ja lang ist es her
Viel Zeit geflossen, durch die Berge bis zum Meer
Mein Kompass er zeigt Richtung Leben
Und deiner dir, du bist nur irgendwer!

Du hast nix erreicht, ich sehe es dir an
Ich weiß du könntest vor Neid erblassen
Könntest nicht mit mir mithalten – doch hey!
Werde dich einfach wo du bist liegen lassen!

Das ist einer der großen Unterschiede
So war es damals schon zwischen dir und mir
Haufen Scheiße mit einem großen Maul
Auf das Niveau, stieg ich nie ab zu dir!

5 Days, 1st Week

Über die Anfänge, aller neuen Wege…

Das Fremde muss erst einmal vertraut sein
Eindrücke und Gefühle aus 5 Tagen, erste Woche
Neue Chancen sind auf der Strecke
Alles klar, ich sehe sie – hab es gecheckt!

5 Tage, die erste Woche
Möge der Start doch gut gelingen
Mit frischer Kraft, neuem Aufwind
Heute sehe ich, was ich nie verstanden habe

Gib dem Leben die Hand
Es wird dich tragen und begleiten
Durch alle Tage aller Jahre
Durch die Stürme aller Zeiten

The foreign must first be cared for
Insights and feelings from 5 days, first week
New chances are on the Track
All right, I see it, I checked

5 days, the first week
May the start go well after all
With fresh power, new spirit
What I did not see before, I can understand

Put your life in your own hands
It will carry you and be at your side
Through all the days of the ages
Through the storms of all time

Entgegen der Welt
Wenn die Wege über Umwege verlaufen

Jeden Tag sitze ich da
Motivation vorhanden und der Antrieb brennt
Doch sitze am falschen Platz
Seelisches Leid, was ihr nicht fühlt oder kennt!

Gedanken sind groß und grenzenlos
Ideen sprudeln aus Quelle
Ich will es schaffen, will es erreichen
Doch befinde mich an falscher Stelle

Ich gebe Vollgas, doch die Bremse –
Sie ist festgestellt!
Alles dreht sich konform
Nur ich mich entgegen der Welt!

Ich muss weg, brauche Platz
Brauche den Ort wo ich leben kann
Das Leben, das ich habe, gerade lebe
Es macht mich kaputt und strengt mich an!

Jetzt fließen wieder Zeilen
Um mir meinen Druck zu nehmen
Jeden Tag das Gleiche!
Man! Das ist doch kein Leben!

Deine schönste Zeit
Für jeden von Euch geschrieben

Gib mir Raum, gib mir Zeit
Ich schreibe dir aus deiner schönsten Zeit

Zeilen für dich
Dass deine Momente unvergessen sind
In jeder Zeile
Da halte ich deine Bilder fest

Der Platz deiner Erinnerung
Er ist in deiner Seele
Auf ewig, auf all –
Ja auf all deinen Wegen

Erzähle mir
Was dich bewegt
Welches Gefühl, welcher Gedanke,
dir grade durch deinen Kopf so geht

Ob Urlaub, besonderer Anlass, Feierlichkeit
Oder einfach nur ein glücklicher Tag
Ich schreibe dir deine schönste Zeit
Weil es das ist, was ich wirklich mag!

Hell erstrahlt
Lebensweg, Laufbahn

Durch die Nebeltäler
Bis zur Sonnenseite
Gewandelt durch die Dunkelheit
Sehe nun die Lichterweite
Im Blick habe ich alles, es ist hell erstrahlt
Sehe all das – was ich lange Zeit nicht sah

Mein Leben war einst ein Flammenmeer
Zu Asche und Staub zerfallenes Sein
Ein neuer Weg den ich betrat
Markierte ihn mit Kreide und Stein

Aus Fehlern gelernt, Fazit aus mancher Lektion
Mit scharfem Sinne, in die neue Situation
Auf dem Weg aus der Leere, füllte ihn mit meinem
Lebenstraum – Stück für Stück mit vollem Einsatz,
bin ich ihn am Aufbauen

Ich habe diesen Traum, schon sehr lange Zeit
Egal was jeder Tag so bringt, er ist es – der nicht
von meiner Seite weicht! Steht mein Leben auch
wieder einmal in Flammen und habe ich mir die
Flügel verbannt, durch den Traum den ich habe,
sehe ich doch immer wieder die rettende Hand!

Mit der Zeit
Einsicht und Erkenntnisse…

Neue Wege entstehen zu jeder Zeit
Habe den Mut sie zu betreten
Keinen Weg gehst du umsonst
Siehst du vieles auch mit der Zeit

Den Weg anderer zu verfolgen
Ihn zu bewundern ist wesentlich leichter –
Als den eigenen Weg der,
Träume und Wünsche zu gehen

Doch mit der Zeit wirst auch du verstehen
Dass jeder der seine Wege geht
Auch einmal hier stand wo du jetzt stehst
Niemand ist von Anfang an dort, wo er heute ist

Also lass nicht nach und lass nicht locker
Bleib immer dran, denn ist dein Leben, dein Weg
Dein ganz eigener persönlicher Traum und
Werdegang, alles kann – glaube immer fest daran

Zweifel nicht an dir und deinen Stationen
Nur wer die Bitterkeit kennt, biss einst in Zitronen
Du wirst nix gewinnen, wenn du nichts riskierst
Was du hast, ist was du schon nicht mehr verlierst!

Träume sind zum Träumen da

Wenn das Leben und man selbst aufblüht

Ein neues Frühjahr beginnt
Frühlingszeit, ja sie ist da, ist soweit
Ich erwache aus dem Schlaf
Denn Träume sind zum Träumen da

Alles was ich nicht mehr brauch
Ist was ich gegen eine geile Zeit eintausch!
Lebensfreude, jeder einzelne Hauch
Das Leben frisch im Neugebrauch

Lass die Fahnen wehen
Altes vergessen, neue Farben entstehen
Das Leben ist, das Leben ist –
Viel zu schön um schon zu gehen!

Ziele gesetzt und den Weg gebaut
Neue Chancen sie blühen auf
Farbenfroh und frisch der Geist
Zeit für den Weg, dass ich ihn bereis'

Pforten öffnen sich vor mir
Und schließen hinter mir die Tür!
Ich will weiter, immer weiter
Und nie wieder weg von hier!

Unbändiger Wille
Wenn der Wille so stark ist

Zähl nicht deine Niederlagen
Bewerte deine Siege nicht zu hoch
Zeige mir wie sehr du es willst
Wie dein Wille in deinen Taten tobt!

Gib nix auf den ganz großen Erfolg
Stehe auf, wenn du geschlagen bist
Zeige mir wie sehr du es willst
Versuche alles, dass nix mehr so wie beim Alten ist!

Du willst es, dann musst du alles geben
Nicht gleich, nicht später oder morgen
Dieser Moment, er ist dein Leben!
Schneller als ein Tiger, stärker als ein Löwe
Einsam wie ein Wolf – Steine fressen, der Kessel
muss dampfen – die Kugel sie rollt!

Vergiss deine Untergänge, erinnere dich an die
Neuanfänge, alles endet, alles beginnt –
Selbstmitleid ist, was absolut nix bringt!
In die Scheiße fallen, aus ihr wieder entkommen
Kopf hoch, Stolz und Würde –
Nach Rückschlägen, von vorne begonnen!

Was wäre, wenn

Eine Frage die uns allzu begleitet

Wenn das Ende -
Das, die Geschichte bestimmt
Der Anfang wäre und somit,
also beginnt

Wie würde wohl
Die Geschichte verlaufen
Wenn man im Vorfeld schon wüsste,
was man am Ende weiß

Was wäre, wenn – wenn, denn dann
Warum wie und wo, nicht jetzt sondern dann!
Wiederholung, Dauerschleife
Nach der Hauptschule, die Mittlere Reife!

Paukenschlag, Taktaufschlag
Berufliche Laufbahn, schulischer Werdegang
Karriere starten, Job oder Traumberuf!?
Zertifikat und Note, Rang und Name – dein Ruf!

Manches Mal Augen zu und durch
Zähne zusammengebissen
Unbedacht Dinge gemacht
Erlangtes dauerhaftes Wissen!

Keine Wege waren zu weit
Über Dinge, die wir im Leben schon meisterten

Ich brauche nicht viel zum Glücklichsein
Bisschen was zum Texten, so ist es fein
Und so denke ich zurück –
An die Tage, manche waren echt verrückt!

An so Tagen wie heute, an denen es läuft
Da verspüre ich Freude
Da ist kein Platz für schlechte Laune weit und breit!
Die Sonne scheint und fällt übers Land herein
Nee, heut' ist echt kein Platz für schlechte Laune –
So lang und weit!

Keine Wege waren zu weit
Kein Sturm war mir zu stark!
Wenn ich an etwas glaube
Ziehe ich durch, kommt's auch hart auf hart!

Eisige Winde sie wehten
Glückliche Tage kamen und gingen
Es gab für mich keine Grenzen
Wenn es welche gibt, ich werde sie überspringen!

Es war eine wirklich –
Gute und auch verrückte Zeit
Ein Teil in mir, wenn auch alles weiter geht
Dieser bleibt!

Wenn's mir zu eng wurde
Nahm ich die Sachen und bin abgehauen
Im Gepäck nur Traum und Ziel
Gescheitert bei so manchem Aufbauen

Auf das, was alles noch so kommt
Vieles kam, wenn auch nicht so gewollt
Alles in allem – ich kann zufrieden sein
Das was ich erreichte, muss erst einmal in Stein
gemeißelt sein!

Niederlassungsleiter
Aus Tagen in der Zeitarbeit

Der Niederlassungsleiter, er hatte die Hosen an
Doch sein Hund hat ins Büro gekackt
Der Leiter drückte sich vor der Arbeit
Das hat er ganz geschickt gemacht!

Frühstück ausgegeben
Das Bare aus der Betriebskasse genommen
Dabei hat er sich nix gedacht, war nicht seines
Doch war dabei trotzdem ganz besonnen!

Rechnungen und Briefe
Die hat er unbearbeitet gestapelt
Ungeöffnet in der Ecke abgelegt
So war die Post also abgearbeitet!

Der Hund hatte einen Hundestall
Mitten im Büro dort stehen!
Kunden die eingetreten sind
Haben in die Hundescheiße getreten!

Zigarettenstummel wurden allesamt
In den Flaschen versenkt
Dieser Leiter, er war ein „Typ"!
Der sich bei nix etwas denkt!

Zaubertrank
Über die Literatur und Philosophie

Ein Schluck Lyrik
Das Tröpfchen Poesie
Hier entstehen Träume
Jedes Wort, getränkt in der Magie

Zaubertrank
Dazu gute Sachen
Ausprobieren und –
Noch einmal machen

An diesen Tagen
Da strömen die Gedanken frei
In Bildern und Erinnerung
Sie kommen und ziehen vorbei

Die Wege die sich kreuzten
Ziehen Linien grob und fein
Ein Gemälde entsteht
Aus Zeiten, die bestehen bleiben

Atme tief durch, bleibe entspannt
Und ganz ruhig dabei
Alles kommt und alles geht
Sei entspannt und atme frei

Einfach lachen
Covid 19, Atemschutzmasken…2020

Ich sitze hier viele Stunden am Tag
Ich muss sowas von lachen
Die Sauerstoffzufuhr ist mangelhaft
Durch das Tragen der M-N-Maske

Mir fehlt der Sauerstoff
Ich lache mich kaputt
Kennt ihr das auch, man ohne Witz
Sie nimmt mir die frische Luft!

Ich muss lachen, kann nix dafür
Schließ die Fenster und die Tür!
Ich werde sonst für verrückt erklärt
Meine Lunge, die sich über Atemnot beschwert!

Ich muss lachen, ich muss lachen
Echt ganz ohne Spaß
Ich krieg einen Knall
Und das war's

Die Maske raubt mir den Sauerstoff
Meine Depression und Lachzustand haben Zoff!
Die Depression hat nix zu lachen
Denn sie kann dagegen gar nix machen!

Mir fehlt der Sauerstoff
Depression vs. Lachhaftigkeit sind im dicksten Zoff!
Gedanken machen sich einen freien Tag –
Weil mein Empfinden einfach nur lachen mag!

Rettungspaket
Zerrissene Gefühlswelt

Geh' oder bleib, schrei oder schweig
Dieses hin- und hergerissen sein
Schmerz und Freude, zwischen gestern und heute
Ein innerliches Zerrissen sein!

Die Zeichen stehen alle auf gehen
Ich gehe kaputt, kann's alles nicht mehr sehen!
Doch weiß ich auch, die beschissenen Tage
Auch diese vergehen!

Schmerzen auf der Brust
Untergang im Kopf
In mir staut sich der Frust
Alles immer unter dem Zeichen vom „MUSS"

Beengte Seele, vertrautes Leid
Es hat am Tag für mich die meiste Zeit!
Kummer und Sorgen so vollgepackt
Lebendiges Trauerspiel, es bleibt im Takt!

Setze den Schritt vor, immer wieder erneut
Tränenlose Momente, doch meine Seele heult!
Negativ und depressiv
Mein Weg, auf schmalem Grat steht

Weil ich täglich Dinge tu'
Wonach mir der Kopf nicht steht!

So viele Jahre sind es schon
Kenne mich so lang schon so!
Suche die Flucht, den Ausweg –
Wo ist der Faden, mein Rettungspaket!?

Gern auf Reisen
Beschreibung meines Lebens

Ich tu' mich schwer mit dem
Was nicht mir ist
Fühlt sich an –
Als ob „du auf der Reise bist"!

Es ist ein Gefühl
Es ist so schwer zu beschreiben
So ist es halt in mir
Keine Ahnung was das ist, wird es so bleiben!?

Bin halt gern auf Reisen
Auf den Wegen durchs Leben
Manchmal war ich sehr nah dran
Manchmal nicht mal annähernd daneben!

Auf der Suche stetig dabei
Augen und Ohren geöffnet, so geht nix vorbei
Auf der Suche nach dem Platz des Lebens
Habe ich ihn mal gefunden, sage ich bye-bye

Will ich wohin?
Und weiß doch gar nicht wo es ist
Glücklich und zufrieden auf der Reise
Bis man angekommen ist!

Tunnelgang, an Türen klopfen
Welcher Raum ist für mich frei?
Ich reise durch mein Leben
Durch jedes Abteil, so soll's halt sein!

Rätsel raten, Steine sammeln
Und sie alle bemalen
Meine Welt ist das Schreiben
Es frei von, male nach Zahlen!

Dieses Leben
Philosophisches Betrachten des Lebens

Ich schätze dieses Leben
Jeden Stein, jeden Baum – die Erde
Es gibt für uns nur diesen einen Planeten
Bete, dass der Mensch ihn gut behandeln werde!

Mauergestein, Felder, Wiesen
Blumen und der Sonnenschein
Winde, Wetter, Eis und Regen
Donner und Gewitter, Gefühle fühlen im Leben

Denkmäler, Lebensgeschichten
Philosophen, Dichter und Erzähler
Wald, Meer, Seen – Ozeane
Regenwald, Insel, die Straßen befahren!

Geographie, Philosophie, Literatur
Sie geben mir wirklich viel
Das Erkunden, das Entdecken der Welt
Ein Teil Gottes, der in uns alles Dunkel erhellt

Weltwunder, Weltmeere
Ein wundervolles Leben
Einzigartigkeit bis ins Detail, für mich kann's nix
schöneres als das Schreiben geben

Nordsee
Freiheitsgefühl

Mal wieder am Strand spazieren gehen
Die Freiheit über das Meer brausen sehen
Wellengang und Salzwassergeruch
Will ans Meer zur Nordsee hoch

Meeresbriese und Festlandluft
Da will ich hin, mein Lebensduft
Leuchtturmhoch die Freude
Angel mir das ankerfeste Heute

Sorgen werfe ich über Bord
Meinen Träumen werfe ich den Rettungsring
Hier kann ich leben, hier kann ich frei sein
Nordseeluft, an der ich so gerne bin

Buchten, Dünen, Sand am Meer
Da habe ich alles und vermisse nichts mehr!
Schiffe und Boote die durch die Freiheit fahren
Diese will ich in meinem Herzen bewahren

Ich will laufen an der Küste entlang
Durchs Küstendorf, ich komme wieder irgendwann

Ein Stern am Himmel mehr
Erinnerungen an meinen Opa

Mein Leben verläuft so weiter vor sich hin
Es schmerzt mich, denn ich vermisse dich
An manchen Tagen ist gar nichts klar!
Dass du fehlst denke ich oft, ist gar nicht wahr!

Gibt jetzt fast schon ein Jahr
Alles geht weiter, so als ob gar nichts war
Ein Stern mehr am Himmel zu sehen
Wenn man genauer hinschaut

Auch ein leerer Platz im Leben mehr
Der Stuhl in der Küche, das Sofa im Zimmer
Deine Bilder, deine Sachen, dein PC und Fernseher
Sie stehen noch am Platz wie immer

Die Lücke, die du hinterlassen hast, sie bleibt für
immer nun ungefüllt, weil nichts mehr passt
Der letzte Tag, haben uns vorher nochmal gesehen
Seit diesem Tag, blieb meine Zeit auch stehen!

Tage und Nächte ziehen vorbei
So viele Jahre vertraut und –
Jetzt sind sie nur noch Erinnerung!

Oft frage ich mich, was hast du gefühlt
Wie ist es dir wirklich ergangen?
Diesen Gedanken nicht zu Ende gedacht
Es schmerz, ich habe zu weinen angefangen!

Gedanken- und Wortspielerei
Anfang und Ende, Ende vom Anfang

Es ist kurz nach Beginn
Weit entfernt vom Schluss
Irgendwo mittendrin, ja das ist es –
Wo ich mich wohl befinden muss

Noch keine Routine
Gewohnheit-weit entfernt
Von allem mehr als zu wenig
Rundum zufrieden, aber irgendetwas fehlt

Die Freude vor dem Starten
Auch die Hoffnung etwas zu erwarten
Weg von langweilig-langen Tagen
Projekt gestartet, mal Neues wagen!

Bist du hier, bist du da!?
Fernweh entsteht, ist die Sehnsucht so nah
Weg, weit weg über die Berge
Konzeptgedanken bis zu vollendeten Werken!

Hallo!
Hallo!
ich bin hier und wer ist denn da!?
Hello guys! Everybody, alles fit, alles klar!?

Entscheidung
Denken und entscheiden

Wenn nix mehr geht
Und alles stockt
Setze eine Pause
Dann drücke auf Stopp!

Den Gedankengängen
Luft verschaffen
Platz für Neues
Um sich damit zu befassen

Sich besinnen, Lage checken
Unbekanntes nun entdecken
Zur frischen Luft nun ab ans Meer
Auf den ersten Schritt, folgen noch mehr!

Verschiedene Strecken
Lebenswege
Triff deine Entscheidung
Und nun gehe

Aus dem Schatten raus
In das Licht
Gehe voran
Du tust es für dich

Prio
Aus dem Arbeitsleben

Prio! Prio! Prio!
Alles wichtig, alles eilt!
Prio 1, Prio 0.5 Prio 0 – rot-gelb-grün
Nach dem Verteilen noch einmal geteilt

Wichtiger als wichtig
Was gestern eilig war, es ist heute nichtig
Strukturloses Handeln – total effizient
Erinnerung digital, Kalender! Termin verpennt

Zwei Bildschirme am Arbeitsplatz
Hightec vom Feinsten, was Mensch nicht alles hat!
Serverraum, Kabelsalat, Gateway-Error!
All in one im Network-Terror!

IP-Adressen
Verschlüsselungscode
Was ist los!? Wo geht's lang!?
Befinde mich im „verstehe nur Bahnhof"-Mode!

Durch deine Zeit
Was wir sicherlich alle kennen

Das hier soll dein Licht sein
Und es soll auf deinem Weg schein'
Wenn's mal draußen duster ist!
Das hier ist fürs immer Weitergehen
Um im Schatten auch ein Licht zu sehen
Wenn's um dich herum bescheiden ist!
Das hier ist geschrieben für –
Wo die Hoffnung sich nicht blicken lässt
Das hier ist für das Wesentliche
Im Allgemeinen für dich gegen den ganzen Stress!

Das hier ist für –
Es war leider zu knapp daneben
Dafür, dass du wieder aufstehst
Und weiter gehst auf deinen Wegen
Das hier ist geschrieben
Gegen Kummer und die Traurigkeit
Als kleiner Funken Trost
Zur Begleitung durch deine Zeit

Das hier ist für –
Halte durch in schlechten Zeiten
Diese Zeilen sind bei dir
Mit ihnen bist du nicht alleine!

Traumberuf
Berufung – meine Fortsetzung des Buches

Mein Traumberuf wie soll er sein
Ich habe einen Schreibtisch mit Tintenfass und
Feder
Ich schreibe über Themen
Lesen können es alle, einfach jeder!

Ich schreibe aus meiner Welt
Ich könnte schreiben acht Stunden am Tag
Ich will Menschen erreichen
Das ist alles was ich wirklich mag

Mir geht's nicht um die Kohle
Mir geht's darum was ich tue!
Ohne Krampf und zwanghaftes Verhalten
Schreiben gegen alles Leiden, meine Berufung
gestalten

Ich mache jeden Tag meinen Job
Der hat nix mit meiner Berufung gleich
Ich mache was ich nicht will
Habe Kummer, weil mir meine Zeit verstreicht

Gib mir ein Zimmer
Auch ein Stückchen der Natur
Ich folge meiner Berufung
Ich mache wahrhaft Literatur

Ich brauche keine Motivationsansprache
Meine Schriften wollen aus Blatt
Einfach ohne verschönte Sache!
Ich schreibe aus mir raus, naturell und pur!

Schreiben ist meine Leidenschaft
Sie schafft, was kein Job der Welt sonst schafft
Beim Schreiben könnte ich platzen vor Glück
Das Schreiben endet nie, es ist jetzt –
Es geht vor und ich blicke zurück

Ich lese Nachrichten
Alle möglichen Geschichten
Die Welt und das Leben geben mir Stoff
Und ich beginne zu dichten

Aus der Stahlindustrie
Zu einem Buchautor
Tausend Dank an die Musik, brachte mich zum
Schreiben, das ist wahre Berufung, es geht entgegen
der Zeit - Es geht immer weiter vor

Das Schreiben ist, als ob ich in andere Welten
eintauch
Einer vieler, aber definitiv der geilste
Lebensrausch!

Für manche sind es nur Wörter – Buchstabenketten
Für mich erzählen sie Geschichten, auch vom
Leben retten!

Schreiben ist Therapie für die Seele
Eine Gnade für Menschen wie mich in diesem
Leben

Ich will Bücher schreiben, mein ganzes Leben lang!
Irgendwann, komme ich halt am Ende meines
Lebens an!

Schreiben ist was ich will!
Dafür bin ich geboren
Ich habe mich selbst gefunden
Doch dafür auch oft zuvor genug verloren

Ich fand zu Stift und Papier
Zum Füller, zur Feder – jetzt bin ich hier!
Ich schreibe Verse, kreiere diese Zeilen
Alles was ich jemals wollte und will, ist schreiben!

Die Wörter sprudeln aus dem Brunnen
Aus der Buchstabenquelle
Dann schreibe ich um mein Leben
Als trete ich von der Schwelle!

Ich denke und ich reime
Weil ich fühle was ich schreibe
Dies alles sind Parts
Die ich mit der Welt da draußen teile!

Kein Weg ist mir zu weit
Das Schreiben setzt mir keine Grenzen
Das ist mein Speedway –
Sorgenloses Treiben, kein Grund zum Bremsen!

Was war gestern
Was kommt denn morgen?
Das Schreiben entfernt mich
Von allem Kummer und allen Sorgen!

An manchen Tagen da fließt es und läuft es
Dann strömt der Fluss
Dann ist alles auf Anfang, gibt keine Mitte
Es gibt keinen Schluss!

BONUS-MATERIAL

Viel, mehr, noch Meer (Meeressprache)
Wenn's auch dauert
Stücke der Vergangenheit
Meiner Bilder Farben
Sie ist da draußen
Dass du die Hoffnung bist
Wettbewerb

Viel, mehr, noch Meer (Meeressprache)

Ich habe meeresblaue Laune
Wellenfrischer Gedankengang
Horizontal-unbeschränkte Weitsicht
Leuchtturmblick, wie das Meer die Ozeanwellen bricht

Strandkorbfeeling im seelen-rosafarbenden –
Himmelsonnenuntergang
Spaziergänge bei sommerwarmen Sonnenstrahlen
Am schönen Abendstrand

Das Herz schlägt im Takt des Kompasses
Immer weiter Richtung Meer
Schleswig-Holstein, Hamburg
Immer Richtung „Hoch zur See"

Möwen die frei fliegen
Im nordisch herb-rauen Frischwind
Meereswasser, Küstenduft
Fische die glücklich am Schwimmen sind!

Freiheitsgefühl, das den Lebenstakt
Gleich schneller schlagen lässt
Am Meer sein und bleiben wollen –
Sehnsucht und Fernweh, was das Herz schneller schlagen
lässt

Wenn's auch dauert

Ich würde so gern weg hier
Einfach das Weite suchen
Wenn's auch dauert bis ich ankomm', wo ich hin will
Steht auch die Zeit still

Ich mache mich auf
Gehe einfach los, ich ziehe davon
Wenn's auch dauert –
Bis ich ankomm'

Auf und davon
Weg, ganz weit weg
Bewege mich bis ich merke
Ich komme vom Fleck

Keine Wurzeln schlagen
Laufen, rennen, einfach davon
Wenn's auch dauert –
Bis ich ankomm'

Manche Reisen sie sind endlos
Etappe zu Etappe, es geht immer am Start los
Wenn's auch dauert bis ich ankomm'
Ich bin es satt, mache mich auf und davon!

Stücke der Vergangenheit

Was gibt's Neues zu vermelden
Was ist passiert in all der Zeit!?
Viele Stellen und Ebenen betreten
Was blieb zurück in der Vergangenheit

So viele Dinge habe ich gesehen
Ging voran, ich blieb nicht stehen
Neue Gefühle, neue Aufgaben
Nahm manches Glück was auf dem Wege lag

Aus allem immer das Beste mitgenomm'
Das Ziel war immer anzukomm'
Träume und Ziele haben mich lange angetrieben
Was ist gegangen, was ist geblieben?

Jahre liegen hinter mir zurück
Momente mit einer guten Zeit
Alles lange her, alles vorbei
Stücke der Vergangenheit

Man sagt immer: „Was gut ist, das kommt wieder"!
Ist fast wie Musik, das Hören gleicher, guter Lieder
Das Schreiben ist mein Leben, mich begleitet die Musik
Melodien meines Lebens, die für immer meine sind!

Meiner Bilder Farben

Zu viele Wunden und Narben
Sie sind meiner Bilder Farben
So bunt und kein Muster zu erkennen
Schmerzen und Schnitte, tief und sie brennen

An den Tagen
Fällt mir das Sprechen schwer
Zu viel Input
Es hört nicht auf, es wird noch mehr!

Konzentration
Sie ist fast gar nicht möglich
Wie alles weiter geht –
Denke ich oft, doch wissen will ich es nicht wirklich!

Ich kann gar nicht anders, als wie zu schreiben
Nur so spüre ich, dass ich lebe, betäubt Schmerz und Leid
An manchen Tagen, würde ich am liebsten aus mir raus!
Absolute Stille, kein „Mucks", kein Bild – Ton aus!

Das ist ein Leben, das mich quält
Doch bringt nix, wem ich dies auch erzähl'
Keiner sieht so, wie ich es sehe
Keiner versteht, was ich verstehe!

Sie ist da draußen

Ich will weg, weit weg
Von schlechten Gedanken
Frische Luft, totale Freude
Wieder Leben tanken!

Ich suche diesen Weg
Doch befinde mich aktuell in einer Einbahnstraße
Das Leben ist da draußen
Doch ich hänge hier in einer Seifenblase!

Würde allzu gerne einmal
Den ganzen Ballast meines Herzens ausschütten
Allein am See sitzen
In einer alten, schönen Waldhütte!

Mein ganzer Blick
Auf die endlose Freiheit
Sie ist da draußen
Doch von ihr, bin ich so weit weg

Fliege wie ein Adler im Wind
Wieder fühlen wie ein Kind
Alles neu entdecken und sehen
Wege die offen sind, diese alle möchte ich gehen!

Dass du die Hoffnung bist

Heute ist wieder so ein Tag
Seltsames Gefühl in mir grad' da
Fühle mich seltsam, mir ist kalt
Ich bin total angespannt!

Gedanken stören mich bei meinem Ablauf
Fällt mir schwer, mich zu konzentrieren, will gern abhaun'
Mich grad' verkriechen und allein sein, wieder klarkommen
und ich sein, raus in die Natur wo alles still ist!

Mir ist schlecht, Schmerzen an der Muskulatur
Wärme, Hitzeausbruch, verdammt! Was mache ich nur!?
Keiner weiß wie das ist, keiner fühlt den Scheiß wie ich
Muss mich wieder sammeln, Fassung finden, mich selbst!

Keiner weiß wie es ist ich zu sein
Keiner hat meinen Weg bestritten
Ich wurde so wie ich nun bin
Ich bin durch Scherben und den Mist geritten!

Das ist meine Lebenszeit zum Texte schreiben
Mein Leben, meine Reise, wo komm ich hin, wo bleiben?
Kann und will mich nicht abfinden
Mit – täglich Dinge tun, die mich nicht erfüllen - !

Das Lebensgefühl es schwindet
Bin auf der Suche, denn wer suchet, der auch findet
Ich will durch das Leben reisen, weiterhin lebhaft Texte
kreieren, die Momente genießen, Zeit in Zeilen zelebrieren!

Diese Zeilen sind für –
Dass du ruhig bleibst auch in stressigen Zeiten
Diese Zeilen sind für dich
Wenn du alleine bist und keine da sind die dich begleiten

Das hier ist für dich geschrieben
Wo die Hoffnung verloren ist
Dies ist für dich, dass du verstehst
Dass du die Hoffnung bist

So schreibe ich dies und sende es an dich
Und auch raus in die Welt
Weil scheinbar in der beschissenen Zeit
Der letzte Balken knickt und fällt!

Wettbewerb

Dieses Leben hier
Es ist ein Wettbewerb
Kind werden, Kind sein
Im Alter davon weit entfernt

Es gibt Hauptfiguren
Und auch Randfiguren
Manche wählen die Seite selbst
Manche werden rein geboren!

Alles im Gesamtbild
Verläuft zu vielerlei Spuren
Haupt- oder Randfiguren
Es sind Lebensspuren

Ich habe den Weitblick
Sicht auf diese Gesellschaft
Auf das, was gefällt und tilt
Auf das gesamte Weltbild!

Entertainer
Mittelpunkt
Außenseiter
Leidenstrunk

Zum Abschluss:
Sommer Zwanzigzwanzig

Sommer Zwanzigzwanzig
Neuer Abschnitt auf für mich
Noch bist du in Mamas Bauch
Doch wir freuen uns auf dich

Du malst mir
Alle meine grauen Wolken bunt
Regenbogen da
Dabei hat es nicht einmal geregnet und –

Du bringst mir Freude
Das Lachen in mein Gesicht zurück
Nie wieder im Leben werfe ich
Auch nur einen Blick auf den Shit zurück!

Nie wieder mehr schreibe ich
Schlechte-Laune Zeilen
Meine Zeit füllst du aus
Ich werde dich begleiten

Wenn auch manchmal Tränen laufen
Dann vor Freude und Glück
Meine Lebenswege waren vernebelt
Bringst mich auf meinen Weg zurück

Das ist das Ende
Einer langen Ära, alter Erde
Nie wieder Texte mit Ausdrücken
Was ich hier versprechen werde

Sommer Zwanzigzwanzig
Mein neuer Abschnitt
Unrat und Unmut – do widzenia
Fröhlichkeit und Leichtigkeit, folge deinen
kleinen Füßchen – Ja. Ich komme mit

Noch eine Zugabe:
Unverpixelt

Unverpixelt, filterfrei
Monochromer Graustufenglanz
Naturelle Farbe, Hautpigment
Sichtbar—er Lebenstanz

Übermüdetes und verschlafenes
Aussehen
Halb so schlimm, dafür war's schön
Das Ausgehen

Sei wie du bist
Versuche nicht zu sein, was du nicht bist
Denn so wie du bist
So ist es genau richtig wie du bist!

Ich denke über alles nach
Bin ein Kopf- und Herzmensch
Mache mir über alles einen Kopf!
Mensch!

Wieder mal machen
Was richtig Spaß macht
Sandkastenspiele, Zirkusclowns
Über die man kinderleicht noch lacht

Nicht penibel oder spießig sein
Wenn der Wein –
Aus der Glasflasche leer ist
Schütte aus der PET ins Glas rein!

Büchsenbier
Essen vom Lieferservice
Schrott im TV ansehen
Obwohl eigentlich gestört ist!

Zeilen dichten
Die so sinnbefreit sind
Drauf geschissen
Jedes Genie macht auch mal Blödsinn

Zu guter Letzt:
Blog an Gott – Kummer Standard

An manchen Tagen könnt' ich mir
Leider in die Schnauze treten
Bin unzufrieden mit mir
Und auch mit meinem Leben

Dann denke ich wieder
Sei froh, dass es dir so geht
Denn es gibt Menschen
Denen es schlechter, als es dir geht

Doch es ist halt jeden Tag
Immer die gleiche Leier
Der Job in dem ich leide, 8 Stunden am Tag
Kummer Standard, es fällt der Schleier!

Es ist mein Leben!?
Doch in Wahrheit, ist es das!?
Quäle mich wegen der Kohle
Scheiße man, wie hirnlos ist das!?

Ich will nicht meckern
Will ich auch keine schlechte Laune haben
Könnte heulen aber mache es nicht
Schmerz und Leid gewohnt, Tag um Tag
Seit vielen Jahren!

An manchen Tagen
Da habe ich keine Kraft mehr
Keinen Bock und der Antrieb er fehlt
Blog an Gott, diese Zeilen werden immer
weitergehen

Liebe Leserinnen und liebe Leser,

vielen Dank, dass Sie sich für dieses Buch entschieden haben.

ENTGEGEN DER ZEIT – Aus allen Lebenslagen 2 – beendet sozusagen, seit dem Erscheinen des ersten Bandes dieser Reihe, die Serie.

Es freut mich sehr, wenn ich Ihnen liebe Leserinnen und lieben Lesern meine Texte näherbringen konnte.

Es ist mir immer wieder eine Ehre und Freude die Texte mitteilen und in die Welt hinaus versenden zu können und zu dürfen.

In diesem Sinne, wünsche ich Ihnen eine weiterhin gute Zeit.

In der nächsten Zeit, entstehen neue Projekte, neue Bücher – eine neue Buchserie. Welche ab Ende September beginnen und veröffentlicht werden!

Der 27.09.2020 wird der Tag, an dem Entgegen der Zeit – LEGENDiARY erscheint. Da dieser Tag für mich eine ganz besondere Bedeutung hat, wird dieser Tag mit dem letzten Buch diese Serie final abschließen.

Herzliche Grüße, Christian Hofmann

Christian Hofmann, geb am
5.3.1986 in Biedenkopf bei
Marburg an der Lahn

Die verfassten Werke des
Autors

ENTGEGEN DER ZEIT

Aus allen Lebenslagen
Aus allen Lebenslagen 2
Zeitarbeit – Moderne Sklaverei
Sonderband Eins
Sonderband Zwei
Sonderband 3
Anthologie des Lebens 1
Anthologie des Lebens 2
Anthologie des Lebens 3
Buch der Lebensträume
Live aus'm Leben
Entgegen der Zeit – ohne Untertitel

27.09.2020
Entgegen der Zeit – LEGENDiARY

2021
Buchreihe Aus Liebe zur Sprache geplant

Infos: Christian Hofmann –
Instagram, Facebook, Youtube,
Bühnen in Marburg an der Lahn